QUELQUES DOCUMENTS INÉDITS

SUR LA DÉFECTION

DU GÉNÉRAL DE LA ROMANA

EN DANEMARK (1808)

PAR

PAUL BIRONNEAU

SOUS-LIEUTENANT DE RÉSERVE AU 5e DRAGONS

BERGER-LEVRAULT & Cie, ÉDITEURS

PARIS — 5, RUE DES BEAUX-ARTS

NANCY — 18, RUE DES GLACIS

1900

QUELQUES DOCUMENTS INÉDITS

SUR LA DÉFECTION

DU GÉNÉRAL DE LA ROMANA

EN DANEMARK (1808)

(*Extrait du « Carnet de la Sabretache ».*)

QUELQUES DOCUMENTS INÉDITS

SUR LA DÉFECTION

DU GÉNÉRAL DE LA ROMANA

EN DANEMARK (1808)

PAR

PAUL BIRONNEAU

SOUS-LIEUTENANT DE RÉSERVE AU 5e DRAGONS

BERGER-LEVRAULT & Cie, ÉDITEURS

PARIS	NANCY
5, RUE DES BEAUX-ARTS	18, RUE DES GLACIS

1900

QUELQUES DOCUMENTS INÉDITS

SUR LA DÉFECTION

DU GÉNÉRAL DE LA ROMANA

EN DANEMARK (1808)

Les événements politiques qui amenèrent le corps espagnol du marquis de La Romana en Danemark, et l'une des phases de son insurrection, la révolte des troupes détachées dans l'île de Seeland, ont été décrits dans le 6e volume du *Carnet de la Sabretache* (p. 129) à l'occasion d'une étude qui allait être publiée sur les Espagnols à la Grande Armée [1]. Les documents qui suivent nous offrent de nouveaux détails sur le dernier épisode de cette insurrection ; nous les devons à la courtoisie d'un savant danois, M. le professeur Karl Schmidt [2] ; ils sont extraits des archives de la guerre de Copenhague et des archives royales de Stockholm.

Le 8 août 1808, le prince de Ponte-Corvo, en villégiature aux bains de mer de Travemünde depuis le 22 juillet, fut prévenu par deux officiers du régiment de cavalerie d'Algarve et un officier de chasseurs catalans que, d'après les ordres de La Romana, les garnisons espagnoles du Jutland et de la Fionie se préparaient à s'embarquer sur les navires de la croisière anglaise, pour retourner dans leur patrie prendre part à la lutte de l'Indépendance.

Bernadotte partit sans différer et arriva le 9 au soir à Rendsborg ; dans la nuit, le maréchal de camp Kindelan, commandant des troupes espagnoles en Jutland, se présentait à lui ; il s'était échappé de Frédéricia pour se rendre auprès du maréchal. Ils décidèrent, dans leur entrevue, que Kindelan rédigerait une proclamation, en espagnol, rappelant les soldats à leur devoir et les engageant à abandonner leur commandant en chef, le marquis de la Romana. Cette proclamation, rédigée également en français et en danois, devait être distribuée aux troupes et aux habitants de la Fionie ; à cet effet, on l'envoya au comte

---

1. *Les Espagnols à la Grande Armée ; le corps de La Romana, 1807-1808 ; le régiment Joseph-Napoléon, 1809-1813,* par le commandant P. Boppe.

2. M. Karl Schmidt travaille depuis plusieurs années à une histoire du corps de La Romana ; le nombre et la valeur des documents qu'il a su rassembler feront de son ouvrage un récit définitif du séjour des Espagnols en Danemark.

de Rantzau, commandant en chef des troupes danoises en Fionie, résidant à Odense, capitale de cette île. Le maréchal expédia l'ordre aux troupes françaises du Schleswig de se mettre en route immédiatement pour arrêter les Espagnols. Elles étaient composées d'un bataillon du 19e d'infanterie de ligne, du 14e chasseurs à cheval et de deux canons et arrivèrent le 12 août à Odense.

Sur ces entrefaites, Bernadotte, qui s'était de sa personne rendu dans cette ville, apprit que les rebelles s'étaient embarqués la veille sur les navires anglais, près de Nyborg, sauf 4 compagnies du bataillon léger de Barcelone et le régiment de dragons de Villaviciosa ; ces deux corps étaient passés du 9 au 10 dans l'île de Langeland pour y renforcer la garnison, composée du bataillon de Catalogne et de 100 hommes d'infanterie française, le tout sous les ordres du colonel Gauthier, du 37e d'infanterie de ligne. Pendant la nuit du 6 au 7, ce bataillon était entré en rapports avec les Anglais, et une de leurs chaloupes canonnières s'était avancée presque jusqu'à la côte pour correspondre avec cette troupe. Les Espagnols se sentant en forces obligèrent, le 10, le général comte d'Ahlefeldt, commandant en chef danois de l'île, à signer une convention stipulant que la garnison danoise conserverait ses armes, son artillerie et ses bateaux, mais qu'elle remettrait tout entre leurs mains dès que les Français approcheraient[1]. Le prince de Ponte-Corvo, n'ayant pu s'opposer à l'embarquement des mutins près de Nyborg et vivement contrarié par la convention de Langeland, projeta une attaque de cette île : il appela à lui 4 bataillons d'infanterie, 3 compagnies de chasseurs à cheval et 8 canons ; en attendant l'arrivée de ces troupes, il jugea utile d'engager le comte d'Ahlefeldt à se précipiter sur les Espagnols et lui écrivit en ces termes :

Odense, le 12 août[2].

Monsieur le Comte,

A mon arrivée à Odense, je viens d'apprendre qu'il existait encore dans l'île de Langeland, que vous commandez, des troupes espagnoles qui ont levé l'étendard de la révolte et qui se sont réunies aux Anglais, nos ennemis communs. L'alliance entre le grand Napoléon et votre auguste souverain ne vous laisse pas le choix entre les partis que vous avez à prendre, vous

1. « Les Espagnols promirent que les armes, les chevaux et tout ce qui avait appartenu aux Danois seraient laissés sur le rivage au moment de leur départ. » (Robert Southey : *Histoire de la guerre de la Péninsule*. Traduction Lardier. Paris, 1828, t. II, p. 237.)

2. L'original de cette lettre se trouve aux Archives du ministère de la guerre à Copenhague.

devez employer tous vos moyens pour réduire ces soldats mutinés; si les troupes que vous commandez ne sont pas assez nombreuses, joignez-y vos milices et même tous vos habitants en masse, attaquez-les la nuit, faites raison de ces misérables qui déshonorent l'uniforme militaire. Dites-leur que je fais marcher sur eux plusieurs régiments français ; ils peuvent encore obtenir leur grâce ; s'ils veulent se rendre, je les ferai traiter avec bonté ; dans le cas contraire, j'attends de vous, Monsieur le Général, que vous employiez toute l'autorité que le Roi vous a conférée, pour l'entière défection de ces rebelles. Je vous prie de vouloir bien me faire connaître l'état des choses chaque deux heures, si la chose est possible.

Recevez, Monsieur le Comte, les assurances de ma considération la plus distinguée.

Le Maréchal, prince de Ponte-Corvo,

J. BERNADOTTE.

Le même jour, le général de Rantzau envoyait la proclamation du général Kindelan au comte d'Ahlefeldt pour qu'elle fût distribuée aux rebelles ; le lendemain, ce dernier en expédia des exemplaires au baron d'Armandariz[1], commandant espagnol à Rudkiobing, capitale de l'île de Langeland, et au brigadier Montes Salazar[2], à la batterie de Spodsbing, sur la côte opposée ; ils en accusaient réception immédiatement, mais, en raison des événements, ils ne parvinrent pas à la distribuer.

Le général Veaux, étant arrivé à Swendborg avec l'avant-garde française, écrivit au comte d'Ahlefeldt les deux lettres suivantes[3] :

Swendborg, le 13 août 1808.

LE GÉNÉRAL DE BRIGADE VEAUX, COMMANDANT L'AVANT-GARDE FRANÇAISE, A M. LE GÉNÉRAL D'AHLEFELDT, COMMANDANT EN CHEF A LANGELAND.

Monsieur le Général,

J'ai l'honneur de vous prévenir que je viens d'arriver à Swendborg avec ma brigade ; je vous invite et au besoin vous requiers,

1. Colonel du régiment de dragons de Villaviciosa.
2. Chef d'état-major du marquis de La Romana.
3. Les originaux de ces deux lettres se trouvent aux Archives du ministère de la guerre à Copenhague.

conformément aux ordres que j'ai reçus de Son Altesse le prince de Ponte-Corvo, d'attaquer avec tous vos moyens les corps espagnols qui sont encore dans l'île de Langeland, et dans le cas où vous ne voudriez pas le faire, j'ai l'honneur, Monsieur le Général, de vous avertir que je vais moi-même attaquer. Alors, si un seul coup de fusil est tiré, les soldats espagnols ne doivent espérer aucun ménagement. (Une seconde colonne de nos troupes doit passer par Aarhus.)

Je joins une proclamation de Son Altesse à l'armée espagnole, je vous prie de la leur communiquer.

Vous m'obligerez infiniment en me donnant le plus promptement avis de ce que vous aurez fait et en m'adressant, le plus exactement qu'il vous sera possible, les renseignements que Son Altesse vous demande par sa lettre ci-jointe. Je vous prie aussi de m'accuser réception du tout.

J'ai l'honneur de vous saluer avec la considération la plus distinguée.

Le Général de brigade,

VEAUX[1].

De Swendborg, le 13 août 1808.

Monsieur le Général,

Je vous envoie encore le sergent porteur de ma première lettre, pour vous prier de me faire savoir, par son retour, ce qui se passe dans votre île et me marquer si l'embarquement est effectué et ce que vous pensez des mouvements et intentions de l'en-

1. Veaux (Antoine-Joseph), né à Seurre (Côte-d'Or), le 18 septembre 1764. Soldat au régiment de Rouergue-Infanterie, le 24 août 1785, il obtint son congé, le 4 juin 1791 ; capitaine au 1er bataillon de la Côte-d'Or, le 27 août 1792 ; adjudant général chef de bataillon, le 7 octobre 1793 ; adjudant général chef de brigade, le 25 prairial an III ; général de brigade, le 20 ventôse an V ; lieutenant-général par décrets des 15 et 22 mars 1815 ; annulation de cette nomination par ordonnance royale du 1er août 1815 ; retraité le 18 octobre 1815. Il habitait Dijon lorsque, tombé en démence, il se tua d'un coup de pistolet, le 24 septembre 1817. — Membre de la Légion d'honneur, 19 frimaire an XII ; commandant, 25 prairial an XII. — Baron de l'Empire par lettres patentes du 28 janvier 1809. — Député de la Côte-d'Or en 1815. Il avait épousé, le 19 avril 1801, Françoise-Julienne Merle.

nemi. Écrivez-moi, je vous prie, le plus souvent qu'il vous sera possible.

J'ai l'honneur de vous saluer avec la considération la plus distinguée.

Le Général de brigade,

VEAUX.

Cette dernière lettre paraît indiquer qu'au quartier général français on était persuadé que les mutins de Langeland avaient l'intention de s'embarquer sur les navires anglais, comme leurs compatriotes l'avaient fait en Fionie. Il en était cependant tout autrement. Les Espagnols embarqués à Nyborg ne pouvaient être rapatriés par suite de la petite dimension des navires, il fut donc nécessaire de les débarquer à Langeland pour attendre l'arrivée de plus grands moyens de transport. Le 13 après midi, ils effectuèrent leur débarquement à Spodsbing, la garnison de l'île se trouva ainsi portée au chiffre d'environ 9,000 hommes. Le 14, les Danois furent forcés de se conformer à la convention du 10 août, attendu que les Français s'étaient avancés jusqu'à Swendborg. La proclamation de Bernadotte arriva à différentes reprises et en plusieurs ballots, elle fut distribuée et par la même occasion on distribua celle de Kindelan. Elles étaient ainsi conçues :

AUX TROUPES ESPAGNOLES A LANGELAND [1].

Soldats espagnols!

Les privations, les peines que vous supportez depuis qu'on vous écarta du chemin de la raison doivent être les avant-coureurs de l'horrible misère qui vous attend. Comparez votre situation présente avec celle d'il y a 15 jours : ma sollicitude paternelle veillait alors sur vous, vos subsistances étaient assurées, vous étiez payés régulièrement ; actuellement sans direction, sans règles, abandonnés à toutes sortes de maux, et, pour comble de malheur, à la merci des Anglais de qui vous ne devez attendre que de la honte et de l'infamie.

Mes bras sont encore ouverts, venez vous y précipiter et le passé sera oublié.

---

1. La copie en français de cette pièce est aux Archives royales de Stockholm.

Vous avez été séduits, mais pas encore pervertis, je vous attends pour vous faire retourner au sein de vos familles et de votre chère patrie.

Odense, 14 août 1808[1].

Le Maréchal de l'Empire, prince de Ponte-Corvo,

BERNADOTTE.

Soldats!

Je suis resté au poste de l'honneur et je vous y rappelle; vous me connaissez et savez que je vous aime. Je suis un vieux soldat qui ai servi avec vous, écoutez ma voix. Je n'ai en vue que la gloire de l'Espagne et votre fortune, venez tous à Flensborg, où vous trouverez le prince de Ponte-Corvo qui permettra à tous ceux qui le désirent de retourner en Espagne. De cette façon vous rentrerez honorablement et sans remords dans le sein de vos familles, mais si vous suivez la suggestion perfide qu'on vous offre, vous serez, dans quelque partie du monde qu'on vous conduise, couverts de honte et d'infamie.

Soldats! Je vous embrasse comme un père; étant tel, j'ai le droit d'espérer que vous suivrez le bon conseil que je vous donne[2].

Juan KINDELAN.

Ces exhortations ne produisirent pas l'effet attendu, et, quelques jours après, le Maréchal adressait une nouvelle proclamation, accompagnée d'un avis, soi-disant rédigé par un sous-officier espagnol, et destiné à faire une grande impression sur ses camarades. On envoya également un officier danois en parlementaire, porteur de lettres du général Boudet pour La Romana et pour quelques officiers supérieurs;

---

1. On se souvient que cette proclamation était arrivée dans l'île à plusieurs reprises, ce qui explique la contradiction entre la date de la lettre du général Veaux et celle-ci.
2. D'après une traduction danoise.

mais, arrivé à Rudkiobing le 17, à 5 heures après midi, il lui fut interdit de débarquer. Voici ces deux proclamations :

Soldats espagnols[1] !

Un homme qui faisait parade de ses principes d'honneur et de loyauté, sur qui se reposait votre confiance et qui méritait votre estime comme honnête soldat, par une perfidie sans exemple, même parmi les Tartares, vient de faire de vos personnes, de vos biens, de vos enfants, le trafic le plus indigne qu'on ait jamais entendu. Cet homme est le marquis de La Romana, il vous a vendus, comme des bêtes assommées, aux ennemis de votre gloire, de votre patrie, de votre honneur et de votre religion. Le misérable a porté l'hypocrisie jusqu'à répandre les nouvelles les plus absurdes, il vous a présenté votre pays comme opprimé par les plus affreux désordres, il n'y a aucun genre de mensonge, aucune espèce de perfidie, qu'il n'ait imaginés pour réussir dans son projet ; mais il sait bien qu'aucun de vous ne reverra jamais les tendres objets de son amour, il a offert votre départ pour l'Inde et pour le Canada, où vous pleurerez éternellement sous le joug et la vile oppression des Anglais[2].

Soldats ! Ceux de vous à qui cette proclamation parviendra avant que vous soyez embarqués, restez aux postes où vous vous trouverez, méprisant avec horreur tous les ordres qui ne vous seraient donnés ou par moi, ou par le général Kindelan.

Soldats ! Je vous prends tous sous ma protection, je vous promets de renvoyer dans leurs foyers tous ceux qui désireront y retourner ; vous serez alors témoins des acclamations unanimes des Espagnols en faveur du frère de l'immortel Napoléon le Grand.

Soldats ! Je n'ai jamais de ma vie trompé personne, l'opinion de toutes les troupes que j'ai eues sous mes ordres peut être la garantie de cette vérité.

Le Maréchal de l'Empire, prince de Ponte-Corvo,

BERNADOTTE.

---

1. La copie en espagnol de cette proclamation est aux Archives de la guerre à Copenhague, et en français aux Archives royales de Stockholm.

2. « On introduisit dans le camp des proclamations de Bernadotte, par lesquelles il

AVIS D'UN SOUS-OFFICIER DU RÉGIMENT DE CAVALERIE D'ALGARVE A SES COMPAGNONS[1].

Les Français se sont emparés de quatre de nos compagnies dans le petit Belt. Acosta qui nous commandait nous décida à mettre bas les armes, nous disant qu'il nous avait trompés par ordre du marquis de La Romana, et que tout ce qu'il nous avait assuré était faux et, pour se punir de ses mensonges, il s'est brûlé la cervelle, ajoutant des imprécations terribles contre le général qui l'avait induit en erreur[2]. Nous avons été parfaitement traités par les Français ; toutes les troupes qui sont restées ici se réorganisent, les sergents sont nommés officiers. Les troupes qui étaient en Seeland viennent d'implorer pardon et elles envoient ceux des plus coupables afin qu'ils soient punis, mais le prince désire que tous soient absous.

Adieu, mes chers compagnons ; combien je vous plains d'avoir été séduits par un traître, qui vous a vendus aux Anglais pour être conduits aux Indes !

Ces proclamations furent distribuées partout, et, afin que nul n'en ignorât, le marquis de La Romana ordonna qu'elles seraient lues en même temps que la sienne ; la voici :

Soldats !

Les juntes d'Asturies et de Galice, au nom de toutes les provinces qui éprouvent le même sort qu'elles, nous ont adressé des lettres pour m'implorer, en qualité de général en chef, de nous hâter de rentrer dans notre patrie pour la sauver et la venger.

---

s'efforçait d'abuser les Espagnols sur l'état de leur pays, les excitait à la révolte contre leurs chefs et cherchait à élever des doutes sur la bonne foi des Anglais ; mais ces insinuations n'eurent aucun effet et n'inspirèrent que du mépris. » (R. Southey.)

1. La copie en français de cette proclamation est aux Archives royales de Stockholm.

2. L'avant-garde des troupes françaises appelées du Schleswig par Bernadotte, commandée par le major Ameil, était arrivée en temps utile à Middelfart pour empêcher l'embarquement de ces 4 compagnies. Le colonel du régiment d'Algarve, dit Schierne dans *Spanierne i Danmark*, qui, à Middelfart, préféra la mort à la prison, était bien un émigré français, dont le vrai nom était de Lacoste ; il était né à Saint-Laurent-de-Cerda, près Perpignan, et avait émigré dès le commencement de la Révolution. Il fut enterré au cimetière catholique de Frédéricia.

Toute l'Espagne a pris les armes pour humilier ses oppresseurs qui arrêtent toutes relations et les lettres de nos parents, et qui, même par menaces, voulaient nous forcer à prêter un serment absolu, comme si nous n'étions pas fils de la patrie, qui maintenant nous appelle. Les régiments en Seeland s'opposèrent courageusement à cet ordre, ils furent entourés de canons, désarmés et traités en ennemis [1]. Nous devions partager leur sort ; dans de telles conditions, et en vertu de votre résolution de vouloir vivre et mourir avec notre peuple, je n'ai pas eu de peine à écouter sa voix et j'ai pris les remèdes que nos ennemis de jadis, amis actuels, nous offraient.

Souvenez-vous, soldats, que c'est la chose la plus juste et la plus noble du monde de rapatrier, aussitôt que possible, notre armée pour défendre la patrie, au lieu de servir comme des mercenaires à supprimer les autres. Si c'était nécessaire, nous payerions de notre vie ce retour dans nos foyers. Là, Espagnols, nous serons récompensés par l'admiration générale et la reconnaissance éternelle de nos concitoyens ; ici, au contraire, infamie et abaissement, qui sont aussi insupportables au soldat espagnol que le trépas honorable lui est doux.

Rudkiobing, le 17 août 1808 [2].

Marquis DE LA ROMANA.

Ces mots furent accueillis avec enthousiasme par les rebelles et les proclamations françaises n'obtinrent aucun succès, pas plus que les lettres du général Boudet. Si élevés que fussent les sentiments patriotiques du marquis de La Romana, il n'en est pas moins vrai que si ce général « eût conservé assez de calme pour réfléchir au rôle qu'il allait remplir, on est en droit de présumer que, maître comme il l'était de la Fionie, séparé des troupes françaises par le petit Belt, protégé

1. « On ne pourra se défendre d'un sentiment pénible, quand on saura que les révoltés de la Seeland jouirent, à leur arrivée dans le nord de l'Allemagne, de l'impunité que leur avait souhaitée le marquis de La Romana. En France même, où ils séjournèrent quelque temps, on ne se doutait pas du crime qu'ils avaient commis (les journaux français avaient dû garder le silence sur leur rébellion) ; ils jouirent de la même considération que ceux qui avaient suivi leur général partant pour l'Espagne. » (Capitaine Fririon : *Relation de l'insurrection des troupes détachées dans l'île de Seeland*. Limoges, 1872, p. 28.)

2. Schepeler : *Geschichte der Revolution Spaniens und Portugals*. (Berlin, Posen und Bromberg, 1826, t. I, p. 541.)

par la marine anglaise, il pouvait sans danger proclamer ses projets, sinon d'avance, du moins au moment de leur exécution, annoncer qu'il partait avec ses troupes pour défendre sa patrie, écrire à son général en chef et aux généraux avec lesquels il avait eu des relations intimes, qu'en devenant l'ennemi du gouvernement français, il espérait conserver l'estime de ceux qui lui avaient témoigné des sentiments semblables. Une déclaration solennelle de ce genre aurait donné à son entreprise un caractère loyal et chevaleresque qu'eussent apprécié tous les militaires et les peuples civilisés [1]. »

Pendant que se déroulaient ces événements, Bernadotte célébrait avec pompe, à Odense, l'anniversaire de la naissance de l'Empereur [2]. Il y eut grande parade et différentes manœuvres furent exécutées ; le soir, le maréchal réunit dans un dîner de gala, au château, toutes les autorités danoises civiles et militaires ; au moment du toast, porté aux Majestés alliées, le canon tonna. Les promeneurs en foule se pressaient dans le jardin du château en écoutant la musique militaire française. La ville était illuminée ; parmi les transparents on remarqua surtout celui d'une fenêtre du grand marché, représentant la pleine lune, portant cette inscription en français :

« A L'IMMORTEL NAPOLÉON »

Phébé, des rayons du soleil,
Reçoit le don de la lumière,
Chez nous, le héros sans pareil,
Répand l'éclat de sa carrière.

A une fenêtre voisine, supportant un buste du roi Frédéric VI, dont le socle était entouré de fleurs, on lisait cette inscription également en français :

Digne et sage allié du plus grand des héros,
Juste, brave, prudent, comme lui magnanime,
Frédéric, dans son deuil [3], fait réparer nos maux,
Et mérite en tout le transport qui nous anime.

L'attaque de l'île de Langeland, décidée tout d'abord par le prince de Ponte-Corvo, fut ajournée par suite de la concentration des troupes espagnoles ; mais, constatant le peu d'effet produit par les différentes proclamations, le maréchal reprit son projet d'employer la force pour

1. *Relation de l'insurrection des troupes espagnoles détachées dans l'île de Seeland sous les ordres du général Fririon*, par le capitaine Fririon. Limoges, 1872.

2. « J'arrivai à Odense à midi, précisément le jour de la fête de l'empereur Napoléon, le 15 août 1808, et je vis un grand nombre de troupes françaises qui rentraient dans la ville après grande parade et revue. L'après-midi, j'aperçus dans le jardin du château le maréchal Bernadotte, prince de Ponte-Corvo, qui s'était acquis l'affection des habitants par ses libéralités et sa discipline sévère. » (Capitaine de Frisenberg : *Souvenirs d'un officier danois*, 1807-1814. Paris, 1897.)

3. Son père, le roi Chrétien VII, était mort à Rendsborg le 13 mars 1808.

réduire les rebelles ; il prescrivit de rassembler le plus de bateaux que l'on pourrait à Swendborg, et aux chaloupes canonnières danoises de harceler vigoureusement les Espagnols.

Le 19 août, à 10 heures du soir, le bombardement commença ; quatre chaloupes canonnières et deux bombardes tirèrent sur la côte et jetèrent des bombes dans l'île jusqu'à 2 heures du matin ; le feu eut peu de résultats, il endommagea une ferme et ne tua que 3 Espagnols. Ce bombardement devait être repris la nuit suivante, mais il fut contremandé ; Bernadotte, en arrivant le 20, à Swendborg, pour y passer l'inspection des troupes, se rendit aux représentations du général Veaux, qui lui fit sentir que les insurgés, par représailles, se porteraient aux pires excès sur les habitants de l'île[1].

Le 21, les Espagnols s'embarquèrent sur les navires anglais qui mirent le cap sur Gothembourg (Suède) ; ils demeurèrent dans cette ville du 27 août au 12 septembre et enfin, dans les premiers jours d'octobre, ils débarquaient à Santander et à La Corogne.

Le maréchal quitta Odense le 24 août et, après des visites à Flensborg et à Rendsborg, il arriva le 31 à Flottbeck, près d'Altona, où il établit son quartier général.

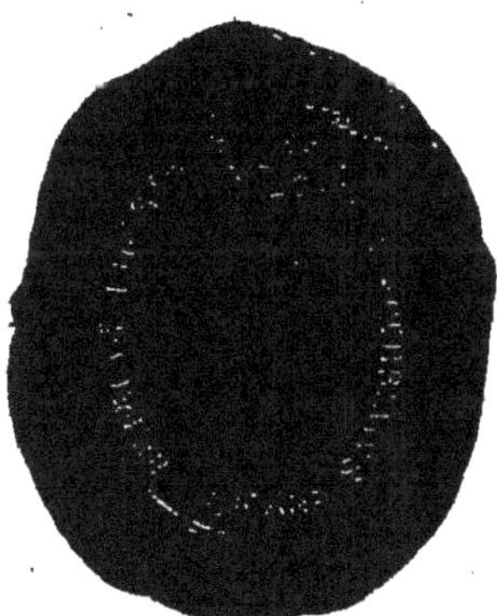

CACHET DU GÉNÉRAL MARQUIS DE LA ROMANA[2].

1. « D'un autre côté, la politique pouvait s'opposer à laisser dans le Nord le spectacle de Français aux prises avec les Espagnols. Il fut donc décidé qu'on se bornerait à désarmer et faire prisonniers les régiments détachés en Seeland, comme le demanda d'ailleurs le comte de Champagny dans une lettre du 19 août, adressée au baron Didelot. » (*Les Espagnols à la Grande Armée.*)

2. L'empreinte reproduite ci-dessus a été très gracieusement offerte l'année dernière à Madrid à l'auteur des *Espagnols à la Grande Armée*, par l'éminent historien de la *Guerre de l'Indépendance*, le général J. G. de Arteche, qui tient de la famille de La Romana le cachet en améthyste qui a servi à la prendre. Le général possède également la plaque de l'ordre de Charles III que portait La Romana à sa mort et qui fut enterrée avec son corps pendant 22 ans, jusqu'au moment où il fut exhumé pour être transporté dans un tombeau monumental à Palma, sa ville natale, dans l'île de Majorque.

NANCY, IMPRIMERIE BERGER-LEVRAULT ET Cie.

80

www.ingramcontent.com/pod-product-compliance
Lightning Source LLC
LaVergne TN
LVHW010320230826
846091LV00009B/3742

9782019930707